Sabedoria
Bíblica
Para
Mulheres

Dados Internacionais de Catalogação na Publicação (CIP)
(Câmara Brasileira do Livro, SP, Brasil)

Sabedoria bíblica para mulheres / Fernando Altemeyer Junior... [et. al.]. – 1. ed. – Petrópolis, RJ : Vozes, 2023.

Outros autores: Gisele Canário, Marcos Daniel de Moraes Ramalho, Nayá Fernandes.
ISBN 978-65-5713-842-7

1. Mulheres – Orações e devoções 2. Mulheres – Vida cristã 3. Sabedoria – Aspectos religiosos – Cristianismo I. Altemeyer Junior, Fernando. II. Canário, Gisele. III. Ramalho, Marcos Daniel de Moraes. IV. Fernandes, Nayá.

23-145531 CDD-270.082

Índices para catálogo sistemático:
1. Mulheres : Aspectos religiosos : Cristianismo 270.082

Aline Graziele Benitez – Bibliotecária – CRB-1/3129

Fernando Altemeyer Junior
Gisele Canário
Marcos Daniel de Moraes Ramalho
Nayá Fernandes

SABEDORIA BÍBLICA PARA MULHERES

EDITORA VOZES

Petrópolis

© 2023, Editora Vozes Ltda.
Rua Frei Luís, 100
25689-900 Petrópolis, RJ
www.vozes.com.br
Brasil

Todos os direitos reservados. Nenhuma parte desta obra poderá ser reproduzida ou transmitida por qualquer forma e/ou quaisquer meios (eletrônico ou mecânico, incluindo fotocópia e gravação) ou arquivada em qualquer sistema ou banco de dados sem permissão escrita da editora.

CONSELHO EDITORIAL

Diretor
Volney J. Berkenbrock

Editores
Aline dos Santos Carneiro
Edrian Josué Pasini
Marilac Loraine Oleniki
Welder Lancieri Marchini

Conselheiros
Elói Dionísio Piva
Francisco Morás
Gilberto Gonçalves Garcia
Ludovico Garmus
Teobaldo Heidemann

Secretário executivo
Leonardo A.R.T. dos Santos

Diagramação: Sheilandre Desenv. Gráfico
Revisão gráfica: Nilton Braz da Rocha
Capa: SGDesign

ISBN 978-65-5713-842-7

Este livro foi composto e impresso pela Editora Vozes Ltda.

SUMÁRIO

Apresentação, 7

Jó, 11
Fernando Altemeyer Junior

Salmos, 25
Nayá Fernandes,

Provérbios, 53
Marcos Daniel de Moraes Ramalho

Eclesiastes, 81
Fernando Altemeyer Junior

Sabedoria, 95
Gisele Canário

Os autores, 123

Apresentação

Rezar é, antes de tudo, religar-se consigo mesmo, com os outros e com Deus! A oração, para crentes de diferentes religiões, nos ajuda a permanecer fiéis aos nossos propósitos e a ressignificar, a cada dia, momentos de alegria, tristeza, luto ou medo. *Sabedoria bíblica para mulheres* é muito mais do que um livro devocional, é um diálogo, uma conversa motivada pela própria sabedoria bíblica.

Rezar também pode ser uma atitude de resistência. Ao nos colocarmos diante da grandeza e da transcendência do mistério divino nós nos sentimos pequenas e sedentas de amor, mas esse sentimento não é sinônimo de fraqueza ou fragilidade. Pelo contrário! Cada vez mais as mulheres percebem o quanto são fortes e capazes de realizar aquilo que desejam com autonomia e coragem. Quem reza passa a conhecer os próprios limites, bem como sua própria força.

Rezar é, do mesmo modo, manter-se de pé! Temos muitos desafios a enfrentar: seja como mães, esposas, profissionais, amigas, voluntárias. Mesmo depois de tantas conquistas, a sociedade exige de nós perseverança, resiliência e empenho constantes. Há quem diga que já chegamos aonde queríamos, mas basta acompanhar as notícias da mídia para ver o quanto as mulheres ainda são julgadas, perseguidas e até mortas simplesmente pelo fato de serem mulheres. Por isso, precisamos sim continuar lutando para que haja, num futuro próximo, mais respeito por todas as mulheres, independentemente de suas escolhas e dos caminhos trilhados.

Rezar é abandonar-se. Justamente por sermos mulheres, tendemos a querer abraçar o mundo. A sabedoria bíblica nos pede calma, reflexão e até mesmo recuos. Precisamos reconhecer nossos erros, perceber em que podemos melhorar e recomeçar do zero se for preciso. É sinal de sabedoria parar para escutar a voz de Deus e meditar antes de agir, seguindo a intuição, mas deixando-nos ajudar pelas pessoas que estão ao nosso lado.

Rezar é sobretudo amar! E, nisso, somos especialistas. Quantas vezes não nos esquecemos de nós mesmas para dedicar-nos às pessoas que vivem conosco, e, sem dúvida, isso é sublime, mas deve ser uma atitude consciente! Com Jó, o Eclesiastes, o Livro da Sabedoria, os Provérbios e os Salmos percorreremos um caminho diferente, de descobertas, de superação e de encontro! Que estejamos abertas e sensíveis aos apelos do Espírito em cada uma das páginas deste livro e que possamos, com a sabedoria que existe dentro de nós, construir este mundo com sabedoria e amor.

Nayá Fernandes

JÓ

> *Lembra-te: minha vida é apenas um sopro; meus olhos nunca mais verão a felicidade (Jó 7,7).*

*P*ara pensar

Sopro de sopros, tudo é sopro. Vaidade de vaidades, tudo é vaidade. Fragilidade de fragilidades, todos somos frágeis. Pode-se aprender muito com a figura de Jó. Ele enfrentou com coragem as mentiras de quatro falsos amigos que queriam fazê-lo crer em falsas ideias apresentadas como "religião verdadeira", mas que de fato eram um discurso mentiroso sobre Deus. Queriam que Jó se assumisse culpado de tudo e que visse Deus como castigador e alheio ao sofrimento dos inocentes.

O Livro de Jó afirma que a fragilidade e o sofrimento permanecem mesmo para quem é fiel ao Deus vivo e verdadeiro. Deus não faz barganhas como troca financeira ou mercantil. Deus ama os inocentes e sustenta o sopro vital nas horas de dor e sofrimento. É o livro do inocente que suspira por consolação. É a esperança e o suspiro de uma criatura em pena. Jó mostra Deus como Pai maternal, cujo nome é Shadai (em aramaico: seio materno). O nome de Deus é o nome daquele que fica bem perto da boca dos bebezinhos. O homem mais atormentado da história humana, Jó, encontra respostas para todas as suas dores e perdas em Shadai, o Deus de seio maternal. Deus cuida de cada pessoa tomando-a em seu colo maternal.

Oração

Senhor Deus, Shadai, Pai maternal. Consola o nosso povo que precisa tanto de teu amor e teu apoio. Consola os pobres que têm fome de pão e de justiça. Alimenta a fé e a esperança. Cuida de minha família, de minhas amigas, da minha comunidade e de todas que precisam de teu colo maternal. Amém.

> *Vida e amor me concedeste, e tua solicitude conservou-me o alento (Jó 10,12).*

Para pensar

No começo de nossa vida, ganhamos muitos presentes: fraldas, roupas de bebezinho, chupetas, sapatinhos. Em pouco tempo tudo isso é perdido, doado ou abandonado. Crescemos, e o que era de nossa infância precisa ser transformado. Quando adolescemos, mudamos de feições, alteram-se nossos hormônios, os sentidos, os desejos e as vontades interiores e exteriores. Cada geração produz uma nova maneira de ser jovem, então precisa refazer tudo novamente que os pais haviam feito. Não há como transferir modelos, pois muitas palavras e modos se tornam obsoletos. A vida é sempre mutante. As pessoas são sempre filhas do tempo. Algumas coisas, entretanto, guardamos no corpo, na memória, são como heranças valiosas: valores, amores, momentos únicos de alegria e dor. A vida e o amor ficam para sempre. E o alento ou sopro divino nunca nos abandonam. No cemitério, deixamos repousar os restos mortais dos que faleceram. A vida, a história, os amores, os trabalhos, as lutas ficam vivas e nunca morrem. Quem tem fé vive eternamente. Nem sempre compreendemos o enigma da morte. Vez ou outra, precisamos parar e meditar. Rezar é preciso. Precisamos olhar o mar. Precisamos olhar a montanha. Precisamos olhar os filhos ou a pessoa amada dormindo só para nos certificarmos de que estão respirando. Ali, silentes, olhamos a respiração, curtindo o fluir suave da vida e agradecendo a Deus.

Oração

Senhor, Deus do sopro vital. Ajuda-nos a contemplar o sopro vital. A olhar alguém dormindo e agradecer a vida. Ao dormir, ajuda-nos a dizer: Graças a Deus. Ao acordar, a dizer: Graças a Deus. Amém.

Eu sei que meu Defensor vive e aparecerá, finalmente, sobre o pó (Jó 19,25).

*P*ara *pensar*

Um grande lamento profético é acompanhado de uma certeza fundamental: Deus vive e defende a causa dos pobres. Deus é advogado dos pequeninos, é nosso Defensor. Nada pode derrubar quem está com Deus. Ele sofre como todo ser humano, padece e espera como todos nós. Mas cada pessoa sabe na fé e na confiança que Deus nunca nos desampara. Ele envia anjos e mensageiros quando pensamos em desistir. Deus não se apresenta como um justiceiro ou credor que cobra dívidas ou exige sacrifícios impossíveis. Deus não quer uma religião de retribuição ou de feitiçaria. Ele não é um castigador, é protetor, defensor e cuidador da humanidade. Deus cuida, Deus ama, Deus resgata, Deus conforta, Deus fortalece. Além disso, Ele tem predileção por órfãos, viúvas e estrangeiros. Ama mais aqueles que nós amamos menos ou não amamos. Tal qual mãe com filhinho doente. Esse é o rosto divino que tira a pessoa do pó e a faz ser plenamente humana. Humanizar é a grande tarefa de Deus. Jó sabe que, mesmo com a carne cheia de feridas, ele verá Deus, não mais como um estranho ou um ser distante, mas como Aquele que julga com misericórdia. Um Deus todo-poderoso, pois todo-misericordioso.

Oração

Senhor, todo-compaixão, preciso de teu perdão por tantas palavras malditas, por tantos pensamentos ruins, por tantos limites pessoais. Sem perdão, eu não posso viver. Acende em mim o mais forte desejo de ser fiel aos teus mandamentos. Faça-se a tua santa vontade. Amém.

Mas, a sabedoria, onde é que se encontra? Onde está o lugar da inteligência? (Jó 28,12).

Para pensar

Sabedoria não é vendida em *shopping*, não é como mercadoria. Sabedoria é ouvir e aprender do pai e da mãe. Sabedoria é partilhar conhecimento e ciência com professores e mestres nas escolas e universidades. Sabedoria é unir as duas asas do Espírito: a ciência e a fé. Só assim podemos voar longe. Apenas uma asa nos manteria no chão, sem ver o mundo por novos ângulos. Fé na vida, fé no homem e fé em Deus. A fé está sempre em busca da inteligência. Riquezas como ouro, prata, pedras preciosas não são suficientes e, em muitos casos, são ilusões e mentiras que afastam da sabedoria. Podem até ser travas para nossos olhos e prisão de nosso coração. Onde está o teu tesouro aí está teu coração.

O santuário da sabedoria é o coração de Deus. Deus quis se revelar de muitas formas segundo as culturas e a inteligência humana. Ele se revela na pessoa humana como silhueta de Deus. Sabedoria é conhecimento que liberta. Sabedoria é ofertar a vida em favor da paz. Sabedoria é sentir a força da graça de Deus. Quem teme a Deus fica longe do mal. Quem teme a Deus não segue a mentira. Quem teme a Deus fala com suavidade e espalha perfume por onde passa. Quem é de Deus faz as coisas de Deus. A sabedoria se revela na música. A maior sabedoria humana é o silêncio orante.

Oração

Deus, pleno de sabedoria. Peço a tua graça para dizer palavras santas e verdadeiras. Peço a tua graça para dizer palavras belas e suculentas. Peço-te a graça de fazer o bem como a marmita saborosa preparada pela mãe: com arroz, feijão, salada, mistura e amor. Amém.

> *Ninguém volta a mão contra o necessitado, quando na desgraça grita por socorro (Jó 30,24).*

Para pensar

Chorar com quem chora. Socorrer quem precisa. Dar a mão ao pobre e ao refugiado que pede acolhida são valores maiores de quem é humano. Quem persegue os pobres e os migrantes deixou de ser humano.

A aporofobia e a xenofobia não são apenas pecados, são crimes políticos daquele que perdeu os valores éticos fundamentais. Cuidar de quem sofre é saber que um dia você pode cair na desgraça, por mil razões ou circunstâncias. Ninguém está imune de um dia viver a derrota. "Ninguém é tão pobre que não tenha nada a ofertar, nem tão rico que não precise de algo", diz um ditado. Uma pessoa de grande valor é aquela que cumprimenta e respeita os sofredores que nada podem pagar. Quem respeita os seus iguais ou só bajula os de cima, o faz por querer retribuição. Não ganha nada do ponto de vista ético. Quem ama os subalternos e os chama por seu nome, sem arrogância nem orgulho, é pessoa plena e digna. Saber que a vida é relativa e que precisamos uns dos outros é a virtude da humildade fundamental. Não há superiores nem inferiores. Deus não criou a miséria nem a riqueza. Quem tem mais deve repartir. Esse é um imperativo categórico para ser humano. Estamos todos no mesmo barco. Ou nos salvamos juntos ou morremos. "Juntos" é a palavra que salva.

Oração

Senhor, Deus-conosco, que nossos olhos não fiquem cegos diante dos irmãos que vemos com fome. Que nossos braços não fiquem parados quando formos chamados a ajudar. Que nossa mesa não fique estreita e não hesitemos em partilhar o pão e o amor. Amém.

> *O Todo-poderoso, nós não o atingimos, supremo em poder e em equidade, grande em justiça, que não oprime ninguém (Jó 37,23).*

Para pensar

No Livro de Jó há quatro discursos sobre Deus. Baldad sabe que Deus é amor, mas não professa isso, pois diz palavras que provocam medo. Elifaz diz conhecer Deus como aquele que purifica o ouro, mas mantém seu coração distante do fogo divino. Sofar sabe de tudo o que é agradável a Deus, mas prefere "unhar" a vida dos vizinhos com calúnias, pois pretende ser dono da religião. Elihu se apresenta mais sábio que o próprio Deus, desconhecendo o Mistério que o ultrapassa. Pensa que conhece Deus porque sabe conceitos religiosos e se esquece de que Deus só pode ser conhecido na fidelidade e no amor.

Quem ama conhece a Deus. Diante de Deus somos como uma coruja frente ao sol. Santo Tomás diz: "O último grau do conhecimento humano de Deus consiste nisto: saber que nada sabemos do que é Deus", e Santo Agostinho confirma: "Deus se sabe melhor, dessabendo". São Boaventura ensina que o caminho para Deus exige dar pouca importância para a indagação e muita à unção, pouco espaço para a língua e muito à alegria interior, pouco tempo à palavra e aos livros e muita importância ao dom de Deus. Digamos como Jó diante de Deus: "Ponho a mão sobre a minha boca e me calo". Deus sabe o que é bom para nós. Confiar é preciso.

Oração

Senhor, Pai querido. Eu me abandono a ti, faz de mim o que quiseres. O que fizeres de mim, eu te agradeço. Estou pronta para tudo, aceito tudo, desde que a tua vontade se faça em mim e em tudo o que Tu criaste, nada mais quero, meu Deus. Amém.

SALMOS

*Deste ao meu coração mais
alegria do que outros têm na
fartura de trigo e vinho (Sl 4,8).*

*P*ara *pensar*

Alegria é uma dádiva! Quem tem a capacidade de se alegrar por si e com os outros vive intensamente e poderá atravessar momentos de tristeza e dificuldades com serenidade. Há pessoas que se alegram com conquistas materiais – e é claro que elas são importantes. Dispor de bens, de uma casa, de condições para viver com dignidade, tudo isso é motivo de alegria. Mas, acima de tudo, devemos cultivar aquela verdadeira alegria de quem, como nos lembra o Apóstolo Paulo, "sabe em quem depositou sua confiança" (2Tm 1,12).

O salmista nos lembra que a fonte da felicidade vem de Deus e nada ou nenhuma riqueza traz mais contentamento do que a experiência de sentir-se envolvido pelo amor de Deus! Mas é sempre bom se lembrar de que ninguém é feliz o tempo todo, pois "rir de tudo é desespero", como diria Frejat em uma de suas composições. Diante da tristeza, descobrimos nossa força e percebemos o quanto precisamos de outras pessoas para, muitas vezes, reencontrar-nos conosco. Por isso, pensar que toda a alegria vem de Deus é acreditar igualmente que ninguém é feliz sozinho.

Oração

Senhor, fonte de toda a alegria!
Ajuda-nos a compreender que todos os sentimentos fazem parte de um caminho de crescimento e descoberta.
Que saibamos rir de nós mesmos e encontrar nas miudezas do dia a dia motivos para sorrir.
Não nos abandones, ó Deus, quando não acreditarmos mais em nossa capacidade de recomeçar mais um dia com um sorriso no rosto e vontade de seguir em frente.
Que saibamos sorrir como as crianças e que nos alegremos com os outros, partilhando, assim, a verdadeira felicidade de sermos filhas e filhos de Deus! Amém!

> *Aqueles fraquejam e caem,*
> *nós nos mantemos de pé e*
> *resistimos (Sl 20,9).*

Para pensar

Resistir é uma palavra forte e cheia de significados. Resistimos quando precisamos passar por uma dificuldade ou por problemas de saúde na família; quando, muitas vezes, somos humilhados em um determinado lugar ou ambiente de trabalho; resistimos quando sabemos que a união é urgente para derrotar um mal maior quando só a união do povo pode garantir tempos melhores. Na resistência, descobrimos a força que existe em cada um de nós e naqueles que estão ao nosso lado. Mas isso não significa separar o mundo entre bons e maus, entre aqueles que estão conosco e os que estão contra nós. Sempre é possível tentar o diálogo, encontrar alternativas e aspectos em comum, mesmo entre extremos opostos. Por isso, quando estiver cansada e pensar em desistir, lembre-se de todas as vezes em que você resistiu bravamente e foi capaz de enfrentar períodos difíceis. Além disso, manter-se de pé, muitas vezes, só é possível quando sabemos quem nos sustenta!

Oração

Senhor, Deus da fortaleza,
ensina-nos a ficar de pé, principalmente nos momentos mais desafiadores!
Que aprendamos a ser resistência quando todos os demais começarem a desistir.
Que possamos ser apoio para os que caem e necessitam de ajuda!
E que, juntos, caminhemos rumo a um mundo melhor! Amém!

*O Senhor ouviu minha súplica,
o Senhor acolhe minha oração
(Sl 6,10).*

Para pensar

Acolher e ser acolhido é um exercício diário. Ao nascer, somos acolhidos no seio de uma família e quando isso não acontece, muitos traumas e problemas podem surgir. E não são só as crianças que precisam de acolhida. Acolher é um trabalho cotidiano destinado a todos, em especial aos que mais sofrem: os migrantes, as pessoas com deficiência, os mais pobres e tantos que precisam ser ouvidos e apoiados em nossas famílias e comunidades. Acolhe quem ouve, quem está aberto para entrar em relação com o outro de forma gratuita e despretensiosa. Assim como somos acolhidos pelo Senhor, também nós devemos acolher uns aos outros, sem distinção. As mães, de maneira especial, acolhem em seu seio o mistério da vida e isso, sem dúvida, é uma forma de oração. Que todas as mulheres, homens e todos os que creem possam viver na gratuidade da escuta atenta e da acolhida generosa, como a mãe que abre espaço dentro de si para gerar a vida.

Oração

Senhor, Deus da vida!
Que possamos sentir tua presença generosa e acolhedora todos os dias.
Que nos momentos de angústia e solidão saibamos dirigir a ti as nossas orações na certeza de que nossas preces serão ouvidas!
Ser ouvido é uma graça e saber ouvir é, igualmente, um dom.
Que saibamos escutar e acolher as pessoas que estão ao nosso redor: nossos filhos, companheiros, irmãos, pais e mães.
Que saibamos escutar e acolher a todos e sentir as "dores do mundo", para juntos construirmos um mundo melhor. Amém!

> *Pela boca das crianças e dos pequeninos fundaste uma fortaleza (Sl 8,3).*

*P*ara pensar

"Um menino nasceu – o mundo tornou a começar!", disse João Guimarães Rosa, em *Grande sertão: veredas*. Para a criança que nasce o mundo recomeça sempre e de novo. O mistério da vida nos faz renovar as esperanças, repensar nossas atitudes, planejar o futuro. Jesus acolheu as crianças e as colocou como protagonistas em seu projeto de salvação. Hoje, muitas vezes, as crianças e os pequenos são desprezados e descreditados. Nem sempre estamos disponíveis para escutar, considerar e dar a devida atenção que eles merecem e acabamos perdendo a capacidade de ver o mundo a partir de seus olhos.

O mundo, recriado a cada criança que nasce, é diferente, pois cada criança é única e tem a graça de ver tudo como se fosse a primeira vez, com olhos de encantamento, e isso é sim uma fortaleza. Ver o mundo como se fosse a primeira vez e ter esperança é o mesmo que construir a casa sobre a rocha, é algo que nos torna ainda mais fortes diante das tempestades! Que possamos escutar sempre mais as crianças e dar a elas vez e voz dentro do nosso coração, das nossas casas, da nossa comunidade!

Oração

Senhor Deus, Tu já foste criança!
Faz que saibamos ver o mundo com encantamento, assim como os pequeninos!
Que ergamos verdadeiras fortalezas em nossos lares dando voz e vez às crianças e considerando-as em sua integralidade.
Que entendamos a força como algo que vai muito além do físico ou da capacidade de atravessar situações-limite; mas, pelo contrário, como a tenacidade de se maravilhar e construir o bom e belo neste mundo! Amém!

Senhor, darei graças de todo o meu coração, recitarei todas as tuas maravilhas (Sl 9,2).

Para pensar

"Gratidão" é a palavra da vez! Quantas vezes você já ouviu falar sobre a questão da retribuição? Quanto mais você agradece, mais coisas boas acontecem na sua vida... Ou: quem emana gratidão, recebe coisas boas de volta... Agradecer é, sem dúvida, uma das mais belas atitudes da vida. Mas não podemos considerar a gratidão como algo mágico, como uma moeda de troca a ser retribuída. A gratidão exige, sobretudo, gratuidade.

Quando somos gratos não esperamos nada em troca. No fundo, já recebemos e, justamente por isso, agradecemos. Ao sermos gratos a Deus por todas as maravilhas recebidas, começamos a falar com o coração aberto tudo o que vimos e ouvimos (cf. Jo 1,1). Mas difícil mesmo é agradecer também pelos erros, pelos desvios e pelos limites e compreender que são justamente os erros que nos ajudam a encontrar caminhos novos e favoráveis, talvez jamais trilhados por alguém. Dar graças de todo o coração é maravilhar-se sempre de novo com o mundo!

Oração

Senhor, Deus da maravilha!
Que sejamos gratos por tantas coisas boas que existem em nosso mundo!
Que nosso coração saiba reconhecer os privilégios que temos e, por outro lado, sensibilizar-se com as pessoas que precisam de apoio para continuar a difícil trajetória da vida!
Que nossos pés, mesmo cansados e errantes, não parem no meio do caminho e possam trilhar a direção da gratidão, de coração aberto e desapegado! Amém!

> *Pois o Senhor, que é justo, ama obras de justiça; os íntegros contemplarão a sua face (Sl 11,7).*

Para pensar

O que é justiça para você? A justiça é um valor que precisa ser defendido, apreciado, cultivado. É justo quem busca o bem e o pratica, mesmo que o caminho do mal pareça bem mais satisfatório. Nem sempre seremos recompensados pelas nossas atitudes justas e isso pode nos deixar desanimados e sem motivação para continuar. Por isso a integridade é tão importante. A pessoa íntegra não se deixa desintegrar nem quando é tentada pelo mal. Não desiste quando é confrontada por pessoas que confundem justiça com meritocracia, recompensa ou prosperidade e segue firme para contemplar a face de Deus. Mas quem pode contemplar a face de Deus? Quem pratica obras de justiça e não se esquece daquele que caminha ao seu lado, consegue ver a face de Deus ainda aqui, neste mundo. Cada vez que se contempla o pobre, o perseguido, o pequenino, contempla-se o próprio Deus, na vivência do amor. Lembremo-nos que o amor acontece sempre que, em nosso cotidiano, abrimos as mãos para oferecer ao invés de apontar e julgar e, por outro lado, nos colocamos de peito aberto para sermos ajudados quando é nossa vez de pedir ajuda.

Oração

Senhor, Deus da justiça!

Que sejamos construtores do amor neste mundo caótico e injusto.

Que tenhamos discernimento para distinguir o bem do mal e não caiamos em promessas de prosperidade fácil e recompensas por obras feitas em teu nome.

E que, ao contemplar tua face no rosto de nossos irmãos e irmãs, sejamos capazes de empatia e compaixão, com integridade e firmeza! Amém!

Tu me mostras o caminho da vida (Sl 16,11).

*P*ara *pensar*

Recentemente, em uma de suas homilias, o Papa Francisco nos lembrou que, ao escalar uma montanha, devemos seguir o ritmo dos últimos da fila. Viver é exatamente isso! É deixar-se guiar mesmo sabendo o caminho e, muitas vezes, desacelerar o passo. Em diferentes ocasiões queremos chegar em primeiro lugar. Ter a melhor casa, os filhos mais capazes, receber elogios por nossas conquistas e até mesmo ter a última palavra. Mas chegar sempre em primeiro lugar é muito perigoso. Só quando percebemos nossos pés cansados ou que erramos a rota é que, de fato, nos damos conta das pessoas que estão atrás de nós ou das que nem começaram a trilha.

Por isso, não tenha medo de dar um passo atrás. Lembre-se de que a morte de Jesus foi considerada uma derrota, um passo mal dado. Voltar, retomar, atrasar, deixar para depois é caminhar e aprender, do próprio Deus, o verdadeiro caminho da vida! A morte ganhou vida por meio da ressurreição de Jesus, que é caminho, verdade e vida!

Oração

Senhor, Deus da vida!

Que caminhemos sob teus passos e percebamos quando é hora de voltar, começar de novo, esperar.

Que a gana por chegar sempre em primeiro lugar não nos domine e tenhamos a humildade para caminhar ao lado dos últimos, sempre que preciso.

Obrigada, Senhor, por nos ensinares o caminho da vida, que passa também pela morte e pela dor! Amém!

Guarda-me como a pupila do olho, esconde-me à sombra de tuas asas (Sl 17,8).

Para pensar

Um par de asas não é suficiente para voar e nem mesmo olhos são suficientes para ver. Nem sempre nos sentimos aptos para fazer determinadas coisas e o sentimento de incapacidade e medo pode nos paralisar. Isso acontece quando nasce um filho e nos vemos incapazes para cuidar de uma vida tão frágil ou quando começamos em um novo emprego e julgamos não ter habilidade suficiente para determinada função. Aquele sentimento, que nos faz ter vontade de fugir e deixar tudo para trás, faz parte da vida, e é justamente quando pedimos a Deus que nos guarde como a pupila dos seus olhos e nos esconda embaixo de suas asas. Não se culpe por isso, todos queremos colo de vez em quando e desejamos ser cuidados, amparados e protegidos. Toda mãe já foi filha um dia e continua sendo filha de um pai amoroso que é Deus! Por isso, não se sinta culpada pelo cansaço ou pelo medo. Busque sempre ajuda e compartilhe seus sentimentos com as pessoas que você ama.

Oração

Senhor, Deus da proteção!

Que tenhamos coragem de pedir ajuda quando nos sentirmos sozinhas e incapazes.

Que nossos braços estejam abertos para buscar seu abraço que pode acontecer por meio de um gesto de alguém que amamos ou por uma palavra de consolo.

Que saibamos descansar quando nos sentirmos cansadas e nos refugiar em suas asas para que seu calor nos devolva a vida e o desejo de seguir em frente, com decisão e coragem. Amém!

*Ó Deus, tu és meu Deus; a ti
procuro,
minha alma tem sede de ti;
todo o meu ser anseia por ti (Sl
63,2).*

Para pensar

Adélia Prado, poetisa mineira, escreveu: "Tenho a faca e o queijo. Quero a fome". Com licença poética nos colocamos diante de Deus para dizer que nossa alma tem sede. Quem tem sede e tem fome, não espera. São sensações que levam a buscar ajuda imediatamente, procurar e lutar pela sobrevivência. A relação profunda com Deus nos faz desejar estar em sua presença. Isso acontece por meio da oração e da ação. Quem ama busca a Deus sem nem mesmo se dar conta disso. Cuidar de um filho, trabalhar e dedicar-se ao próximo numa profissão ou em pequenos gestos cotidianos, é, de certa forma, procurar Deus.

A sabedoria bíblica nos lembra que somos sedentos de transcendência e que, no mais profundo de nós mesmos, a procuramos. Adélia Prado deixou marcada em sua poesia a falta que o desejo provoca, o que é contraditório, pois o próprio desejo é falta de algo, busca por completude. Por isso, quando o salmista nos lembra que nossa alma tem sede, podemos dizer que só seremos completos junto de Deus, mergulhados nele! Um mergulho profundo, mas que favoreça o retorno à superfície sempre que for preciso!

Oração

Senhor, Deus da saciedade!
Que nossos anseios sejam direcionados a ti!
Que tenhamos sede de justiça, amor e cuidado.
E que nossos vazios sejam preenchidos por tua presença hoje e sempre! Amém!

*Ao Senhor pertence a terra e
quanto ela contém,
o mundo e quantos nele
habitam (Sl 24,1).*

Para pensar

"Pertencimento" é ao mesmo tempo uma palavra forte e perigosa. Todos nós queremos nos sentir pertencentes a algo ou a alguém. Na infância, o pertencimento a uma família é essencial para o desenvolvimento; na adolescência, buscamos grupos sociais para nos sentirmos aceitos; já na vida adulta, com a formação de uma família, buscamos esse mesmo sentimento no trabalho ou mesmo num *hobby* ou em alguma atividade esportiva. Mas o pertencimento também pode ser nocivo. Isso acontece muitas vezes quando um homem vê a companheira como posse sua e acaba ultrapassando os limites. Crimes de feminicídio são comuns por esse motivo, por exemplo.

Quando proclamamos que a terra, o mundo e todos os que nele habitam pertencem a Deus, escolhemos pertencer ao Senhor. É uma escolha exigente, mas, ao mesmo tempo, cheia de consolo. Isso porque, sendo Deus amor, tudo o que a Ele pertence só existe por amor. Quem dera que cada um de nós pudesse dizer ao outro o quanto é bom sermos parte uns dos outros. Sermos uma comunidade que não abandona as pessoas mais necessitadas e que entende que, mesmo não sendo da mesma família, somos, como diria São Paulo Apóstolo, "membros uns dos outros" (cf. Rm 12,5).

Oração

Senhor, Deus da pertença!
Que em nossas comunidades sintamo-nos pertencentes uns aos outros.
Que não tenhamos medo de denunciar casos de violência contra nós e contra outras mulheres, ao nos sentirmos consideradas objetos pelos outros e não pessoas livres para escolher.
Que nosso pertencimento ao Senhor seja consciente e cheio de amor! Amém!

*Na minha ansiedade eu dizia:
"Fui banido de tua presença"
(Sl 31,23).*

Para pensar

Quantas pessoas sofrem com ansiedade hoje. Nenhuma de nós está imune! Quando estamos ansiosas tendemos a não ver nada de bom e a temer o futuro; até mesmo as pequenas atividades do dia a dia se tornam pesadas e difíceis de realizar. Por isso, ao ver-se diante da ansiedade, o melhor a fazer é procurar ajuda profissional. Porém é importante salientar que a espiritualidade é uma grande aliada na superação das crises. O salmista nos lembra que esse sentimento nos faz, inclusive, julgar-nos distantes da presença de Deus. E isso é muito doloroso porque acaba nos deixando ainda mais solitárias.

Por isso, um dos caminhos para superar a ansiedade é, justamente, o da presença. Buscar apoio profissional, familiar ou comunitário, falar sobre o problema e não se fechar em si... são atitudes que podem ajudar! E é sempre bom lembrar que, independentemente da situação, a salvação de Deus é perene e para todos! Deus é o Deus da vida e da consolação!

Oração

Senhor, Deus da tranquilidade!
Que tenhamos consciência da tua presença bondosa e amorosa, independentemente da situação em que nos encontremos!
Que não hesitemos em buscar ajuda profissional quando necessário e que contemos com o apoio da família e dos amigos ao nos sentirmos sozinhas, ansiosas, amedrontadas.
Que a espiritualidade e a confiança em ti nos façam viver de forma serena e amorosa conosco mesmas e com os demais! Amém!

Minha boca ditará a sabedoria e as intuições meditadas em meu coração (Sl 49,4).

Para pensar

Dizem que intuição de mãe nunca falha! Fato é que muitas pessoas e principalmente as mulheres confiam na própria intuição para resolver problemas ou diante de uma escolha importante. A sabedoria bíblica lembra que a meditação nos faz ter intuições que nascem da oração e da confiança em Deus! A Palavra de Deus lida e meditada cada dia ajuda a aguçar nossos ouvidos e nossa percepção acerca do mundo. Munidas de sensibilidade e escuta, somos capazes de perscrutar nosso próprio coração e compreender quais são os desígnios de Deus, tomando assim as escolhas certas. Mas, é sempre bom lembrar que intuição não é poção mágica. Muitas vezes, crenças como horóscopos, simpatias ou outros tipos de crendices desviam o nosso olhar e confundem nossos sentidos. Somos mulheres fortes, que podem e devem seguir o próprio coração, mas é sempre bom ter prudência, acreditar na ciência e nos profissionais capacitados de cada área, se necessário. A Palavra de Deus é luz para nossos pés e, com certeza, nos auxiliará a seguir em frente, com decisão, coragem e fé!

Oração

Senhor, Deus da palavra!
Que entendamos vossos ensinamentos como fonte de vida e força para nós!
Que saibamos seguir nossa intuição sem nos perder em crenças vãs.
Que a cada dia possamos parar e escutar nosso coração de mãe, esposa, mulher, trabalhadora para dar passos firmes em direção ao bem para nós mesmas e para aqueles que estão ao nosso lado!
Amém!

Louvai-o com pandeiro e dança, louvai-o com instrumentos de corda e flautas! (Sl 150,4).

Para pensar

Louvar a Deus é bom! Aliás, é bom comemorar, não é mesmo? Um aniversário, o dia em que conseguimos um trabalho novo, um filho que nasce, a viagem sonhada! Comemorar pequenos ou grandes feitos nos revigora e faz com que o caminho daí em diante seja mais tranquilo. Os salmos são, em sua maioria, orações de súplica e de louvor. O povo comemora a liberdade, a colheita, a certeza de que Deus está próximo! Às vezes, nos privamos da alegria! Acontece quando deixamos que a rotina tome conta de nós e não percebemos quantas coisas boas acontecem conosco. Louvar é reconhecer o bem que nos cerca, sem, contudo, continuar lutando por tempos melhores, por condições justas para todos, por menos desigualdade social, por direitos respeitados e por um futuro mais feliz para todos! Afinal, ninguém pode salvar-se a si mesmo e, neste mundo, só vale a pena comemorar, se for junto aos outros, irmanados, conscientes de que somos todos filhos e filhas amados de Deus!

Oração

Senhor, a quem dirigimos nosso louvor!
Que dancemos felizes hoje e sempre sabendo que somos filhos e filhas amados, herdeiros da sua alegria e da certeza da vida eterna!
Que tenhamos em nós a capacidade de olhar ao nosso redor e trazer, para dentro da roda, as pessoas que estão à margem, convidando-as a entrar para a festa e partilhar a mesa conosco! Amém!

PROVÉRBIOS

Que o sábio escute e aumentará o seu saber, e o inteligente alcançará maior habilidade (Pr 1,5).

Para pensar

A escuta é um bom caminho para quem deseja viver com sabedoria e, assim, alcançar uma vida mais significativa. A sabedoria bíblica, por sua vez, ensina que toda escuta deve partir de Deus e conduzir-nos de volta a Ele, pois somente o Mistério divino pode nos dar a sabedoria e a felicidade que tanto almejamos. Conhecedora da fragilidade humana, a sabedoria bíblica acredita que somente a Graça divina pode nos conduzir a uma vida mais feliz, onde abundam relações mais amorosas e acolhedoras, compassivas e humanizadoras, justas e reconciliadoras. Não foi ao acaso, portanto, que o povo de Israel cultivou e ainda cultiva o preceito do *Shemá ("Escuta, Israel!").*

Fato: a boa escuta exigirá de nós muitas outras habilidades. O cultivo de uma saudável espiritualidade, a busca do *autoconhecimento* e a prática da *autocompaixão* representam um bom começo. Procure, ainda, compreender o modo como as pessoas se relacionam entre si e com todo o ambiente em que elas vivem. Faça isso com humildade e generosa disposição, buscando mais a compreensão e menos a crítica pura e simples. Procure, também, apoiar-se em pessoas que possam lhe inspirar ou lhe ajudar nesse aprendizado.

Oração

Ensina-me a escutar, Senhor! Ensina ao meu coração e ao das pessoas que convivem comigo a te escutar. Ensina-me a escutar e a acolher amorosamente as alegrias e as fragilidades minhas e dos meus irmãos. E guiados por tua divina graça, dá-nos viver com maior alegria e sabedoria. Por Cristo, nosso Senhor. Amém.

> *Nunca recuses um favor a quem dele precisa, quando podes realizá-lo! Não digas a teu próximo: "Vai embora! Volta amanhã, então te darei", quando podes dar logo! (Pr 3,27-28).*

Para pensar

Para a sabedoria bíblica, gestos de acolhimento e de hospitalidade são profundamente valorosos, especialmente quando dirigidos aos mais pobres, aos que sofrem e aos que se encontram desamparados. Tais gestos nos humanizam, humanizam nosso viver e nos aproximam do mistério divino. Não à toa, Jesus elencou tais posturas como definidoras da nossa salvação (Mt 25,31-46).

O cultivo de atitudes mais fraternas e solidárias, de fato, não são apenas modos de sermos *bonzinhos* ou *educados*. Mais do que isso. São caminhos para uma convivência mais amorosa e mais compassiva; são caminhos para um desenvolvimento saudável de nossa humanidade e, também, de nossa espiritualidade.

Existem atitudes que apequenam nossas vidas e nossa condição de filhos e filhas de Deus, fazendo com que a vida em si perca sua graça, sua beleza e sua profundidade. Outras atitudes, ao contrário, engrandecem nossas vidas e o nosso viver. Os gestos de caridade, as gentilezas e o cuidado nas relações, por exemplo, não apenas dão alegria e leveza ao dia a dia, como fazem crescer a esperança no futuro e a confiança em nossa capacidade de sermos melhores. A vida se tornará mais confiável à medida que nos permitimos ser mais confiáveis!

Oração

Ajuda-me, Senhor, a viver com maior generosidade e gratuidade, de modo que a minha existência contribua para que a vida encontre logo sua beleza, sua verdade e sua profundidade. Amém.

De nada servem tesouros mal adquiridos (Pr 10,2).

Para pensar

A sabedoria bíblica não ignora a fragilidade humana – ao contrário, ela acolhe e reflete todas as nossas limitações. Todo o pecado humano está ali, retratado naquelas situações e naqueles personagens que nos ajudam a enxergar melhor nossas ambições, rivalidades, ódios, vinganças, traições etc.

Contudo, mesmo reconhecendo nossas fragilidades e nossas contradições, a sabedoria bíblica insistentemente nos convida a um crescimento, a uma conversão; não apenas nos convida, como também nos sugere valores e comportamentos em favor de uma vida mais humana, especialmente em favor da vida dos mais pobres e dos mais indefesos. Esses valores nós os encontramos, por exemplo, nos *Dez*

Mandamentos, nas pregações dos *Profetas*, ou nas *Bem-aventuranças*.

Reflita, pois, o que diz *Provérbios*. Quais são os nossos tesouros e como nós os adquirimos? Em outras palavras, que sentido estamos dando à nossa vida e como a estamos construindo? Quais frutos estamos colhendo de nossos esforços e de nossas conquistas materiais, financeiras, acadêmicas e profissionais? Tudo isso tem feito de nós pessoas melhores? Lembre-se daquilo que Jesus dizia: cuide para que as suas conquistas não coloquem em perigo a sua humanidade e sua condição de filha de Deus (Mc 8,36).

Oração

Ajuda-me, Senhor, a fazer a tua vontade. Ensina-me a buscar, por primeiro, o teu Reino e a tua justiça, pois somente assim as demais realidades encontrarão o seu devido lugar e as nossas vidas encontrarão real alegria e verdadeiro sentido (Mt 6,33). Amém.

A lembrança do justo é abençoada, mas o nome dos ímpios apodrece (Pr 10,7).

Para pensar

A sabedoria bíblica nos convida a celebrar e a manter viva a memória dos justos, isto é, daqueles homens e mulheres que, mesmo com suas limitações, se deixaram guiar pelo Espírito e buscaram servir a Deus.

Para a sabedoria bíblica, a memória dos justos vai além de uma simples lembrança. É uma memória viva, afetiva e efetiva – capaz de nos chacoalhar, de nos inspirar e de nos encorajar para que permaneçamos firmes no caminho da fé, na escuta da Palavra, no cumprimento dos mandamentos e no serviço aos irmãos; e é desse modo, como memória viva e permanente, que a lembrança dos justos será, para cada um de nós e para nossas comunidades cristãs, uma fonte de alegrias e de bênçãos.

Quanto aos que praticaram o mal... Bem, nós lamentaremos suas motivações e ações. E porque a lembrança deles pouco ou nada nos inspiram, seus nomes serão apenas uma lembrança a alertar-nos sobre as nossas fragilidades.

Agora, por alguns instantes, converse com o seu coração: Quem são as pessoas que permanecem vivas na sua memória? Que memórias, que lições elas lhe deixaram? Como elas ainda a inspiram? Agradeça a Deus pela vida desses justos que cruzaram o seu caminho. Depois, reflita: que memórias você tem deixado, ou gostaria de deixar, para as pessoas que estão ao seu redor?

Oração

Feliz o homem que teme ao Senhor e se compraz com seus mandamentos! Ele brilha na treva como luz para os retos. Ele é piedade, compaixão e justiça. A memória do justo é para sempre (Sl 112,1.4). Amém.

*Quem tem coração sábio aceita
os preceitos, mas o estúpido no
falar se arruína (Pr 10,8).*

Para pensar

Para a sabedoria bíblica, sábio é aquele que acolhe os mandamentos e se deixa conduzir pela Palavra e pelo Espírito porque somente Deus pode nos dar o verdadeiro entendimento sobre a vida e suas diferentes situações, ajudando-nos a viver de modo mais significativo.

O cultivo da sabedoria, por sua vez, exige humildade. Nessa perspectiva, o sábio é aquele que está sempre disposto a crescer, compreendendo a vida sob outras perspectivas e, também, em seu conjunto – compreendendo e não julgando; discernindo e não, simplesmente, condenando. Talvez seja esse o motivo que nos leva a ter prazer em escutar uma pessoa sábia – porque, exercendo essa humildade, ela pode acrescentar algo ao nosso modo de ser, nos ajudando a viver melhor.

O estúpido segue um caminho contrário. Ele resiste ao Espírito e aos mandamentos. Resiste ao aprendizado e ao crescimento, apegando-se a algumas poucas ideias que o guiarão por toda a sua vida. Ele se prende à sua arrogância e aos seus preconceitos, julgando tudo e todos a partir do seu umbigo – o que, cedo ou tarde, o levará à ruína e à solidão.

E você? Como você vem construindo sua vida? Sente-se disposta a aprender, a crescer? Quem são as pessoas que a ajudam, ou que já a ajudaram nesse processo? Quanto já pode aprender com elas? Quanto ainda está disposta a aprender?

Oração

Mostra-me os teus caminhos, Senhor. Guia-me com tua verdade. Ensina-me, pois Tu és o meu Deus salvador e em ti espero o dia todo (Sl 25,4-5). Amém.

As palavras de alguns ferem como espada, mas a língua dos sábios é remédio (Pr 12,18).

Para pensar

Para a Bíblia, sábio é aquele que se deixa guiar pelo Espírito e que observa os mandamentos. Conduzidas pelo Espírito, as palavras do sábio comunicam vida, verdade, justiça e paz. Ainda que não sejam fáceis e agradáveis de se ouvir, as palavras do sábio fazem bem a quem as recebem, pois esclarecem e ensinam, curam ou aliviam, ajudam a pensar e a sentir, iluminando a mente, o coração e o caminho de quem as acolhe.

Não há dúvida. Bem cultivada, a sabedoria nos liberta de todas as formas doentias, injustas e vazias de convivência e de comunicação e nos conduz às formas mais salutares e justas, nos tornando capazes de construir ambientes mais saudáveis, mais humanos e mais santos. Bem cultivada, a sabedoria nos ajuda a comunicar bem aquilo que é justo e verdadeiro e nos torna capazes de falar com maior profundidade e com maior bondade, livres de todo e qualquer tipo de violência.

Assim, reflita consigo mesma: Quais palavras estão chegando ao seu coração e ao seu espírito? Que palavras você está acolhendo em seu interior? E que palavras você está comunicando? São palavras que promovem bondade e verdade, beleza e harmonia? Ou são palavras que promovem dor e tristeza, confusão e divisão?

Oração

Dai-me a graça, Senhor, de acolher e de comunicar palavras de sabedoria, de verdade e de bondade. Dai-me a graça de, com minhas palavras, levar aos que convivem comigo vossa paz e salvação. Por Cristo, Palavra viva e eterna. Amém.

Alegra-se a pessoa quando dá a resposta certa: como é agradável uma palavra oportuna! (Pr 15,23).

Para pensar

A comunicação permanece como um dos grandes desafios da nossa existência. Como você sabe, não basta falarmos o mesmo idioma, nem utilizarmos os mesmos modernos instrumentos. Uma comunicação efetiva exige muitas outras habilidades.

Carecemos de pessoas que, para uma efetiva comunicação, estejam dispostas a aprender a escutar para somente depois falar – ou, se for o caso, a silenciar. Também precisamos de pessoas que estejam dispostas a desenvolver uma escuta mais acolhedora e empática, uma comunicação mais amorosa e mais compassiva, um diálogo mais profundo e mais assertivo – uma comunicação não violenta.

A sabedoria bíblica, constantemente, exalta aqueles que sabem falar com inteligência, com humildade e com prudência – pessoas que, com suas palavras e gestos, sabem esclarecer consciências, iluminar decisões, aproximar pessoas e edificar relações. A sabedoria bíblica não apenas os exalta, como nos convida a imitá-los, pois é sempre muito agradável estar próximo de pessoas que agem desse modo.

Agora, faça uma reflexão: Como está a sua comunicação? Como você emprega as palavras? Está disposta a aprender uma boa e saudável comunicação? O quanto está disposta? Peça a Deus a graça de uma boa e frutuosa comunicação.

Oração

Ensina-me os pensamentos mais corretos, os sentimentos mais justos, as palavras mais adequadas. Concede-me tua sabedoria, ó Deus! Que o meu falar transmita tua vida e tua paz! Que a minha comunicação seja viva e frutuosa! Amém!

Um olhar radiante alegra o coração e uma boa notícia conforta a pessoa (Pr 15,30).

Para pensar

Existem pessoas que, sem ignorarem as dificuldades da vida e sem serem indiferentes às dores dos que sofrem, são capazes de irradiar paz e de transmitir boas notícias. São pessoas especiais em nossa vida e gostamos muito de tê-las por perto. Seus olhares são acolhedores, seus gestos são amorosos e suas palavras transmitem alegria e esperança.

Existem pessoas assim ao seu redor? Tem amizade com elas? Se a sua resposta for positiva, agradeça a Deus por essas pessoas estarem presentes em sua vida. Caso contrário, peça ao Senhor que coloque pessoas assim em seu caminho.

De outro modo, cuide para que você, também, seja uma dessas pessoas. Aos poucos, tente escapar das armadilhas do orgulho e do veneno da agressividade. Sem ignorar as divergências e as dificuldades da vida, exercite mais a gratidão, a gentileza e a gratuidade. Colabore para criar ambientes menos hostis e mais acolhedores. Exercite mais a escuta, a compreensão e fuja dos julgamentos agressivos e precipitados. Lembre-se de que: compreender não significa concordar, e as discordâncias não precisam vir acompanhadas da agressividade. Cuide para que a sua presença seja mais acolhedora e pacificadora. Experimente! Logo você verá que vale tal esforço.

Oração

Agradeço, Senhor, por aqueles que alegram o meu viver! Dá-me, também, a graça de ser uma dessas pessoas que, com simplicidade e ousadia, encorajam o viver de outras. Agraciados com teu Espírito, concede-nos o dom de viver uns para os outros. Amém.

*A arrogância precede a ruína,
e a presunção precede a queda
(Pr 16,18).*

Para pensar

A sabedoria bíblica faz um alerta a todos aqueles e aquelas que se deixam levar pela vaidade e vivem orgulhosamente agarrados às suas próprias opiniões e vontades: cedo ou tarde, eles poderão experimentar a ruína. Logo, se quiserem evitar a queda e a dor, devem agir com menos arrogância, menos vaidade e menos presunção.

Nada, porém, é tão simples quanto gostaríamos. Consciente ou inconscientemente, muitos de nós consideram a arrogância como uma característica de pessoas fortes, poderosas e corajosas. A humildade, ao contrário, por muito que seja exaltada, geralmente é percebida como uma característica de pessoas fracas, submissas ou predispostas à submissão. E aqui encontro um dos nossos dramas, ou um dos nossos desafios: tornar-nos pessoas fortes, capazes de agir com autonomia e com coragem, mas sem cruzar as fronteiras da arrogância, do orgulho inconsequente, da vaidade e do autoengano. Você, leitora, compreende isso?

Ser uma pessoa forte sem ceder à arrogância e ser uma pessoa inteligente sem se deixar levar pela vaidade é um exigente exercício de sabedoria. Não à toa, a Escritura sempre nos lembra que, sem o socorro dos mandamentos e sem o auxílio da Graça, cedo ou tarde, ou seremos destruídos, ou nos destruiremos.

Oração

Vem, Senhor, em socorro da minha fraqueza! Torna-me mais consciente das minhas limitações, dos meus enganos e das minhas vaidades. Conduze-me, sempre e mais, à maturidade de quem se deixa guiar pela tua vontade e pelo teu Espírito. Amém.

O egoísta procura os próprios caprichos, irrita-se contra todo conselho (Pr 18,1).

Para pensar

Algumas posturas não colaboram em nada para a boa convivência humana. O egoísmo e a arrogância que afetam nossas relações não apenas criam dissabores, como também denunciam a nossa imaturidade e, por consequência, a imaturidade de nossas relações.

Sim, ainda somos muito imaturos. O fato de sermos adultos, trabalharmos e pagarmos nossas contas contemplam apenas alguns aspectos da maturidade. Não se iluda! Sempre temos muito a aprender e, dia a dia, necessitamos fugir às muitas armadilhas do orgulho e do egoísmo. Mesmo adultos, prosseguimos com nossas birras, ciúmes, reclamações e ingratidões e, se não estivermos muito atentos aos nossos sentimentos, às nossas palavras e aos nossos gestos, corremos o risco de sucumbirmos ao orgulho e terminarmos sozinhos.

Reflita, pois, esse dito de Provérbios. Exercite mais a humildade e disponha-se, dia a dia, a fazer uma revisão de sua vida, em vista de uma profunda reforma interior. Tudo o que propomos aqui, nas páginas desse livro, tem o propósito de ajudá-la a fugir dessas armadilhas – algumas delas muito sutis – para que você possa viver com maior sabedoria e com alegria.

Oração

Ajuda-me, ó Deus, a compreender melhor quem sou e quem eu quero ser. Torna-me mais consciente dos meus sentimentos, das minhas vontades e dos meus gestos. Pouco a pouco, liberta-me das muitas imaturidades que trago comigo. Vem, Senhor! Conduze-me à maturidade da alma, à maturidade de quem se deixa guiar pelo teu Espírito. Amém.

"Ruim, ruim" – diz o comprador, mas gaba-se depois, quando se afasta (Pr 20,14).

*P*ara pensar

Numa negociação, em vista de alcançar o menor preço, um comprador pode chegar a desvalorizar uma peça ou um produto. Contudo, tendo alcançado sua meta e distante dos ouvidos do vendedor, gaba-se da sua compra e, especialmente, gaba-se de sua esperteza. O que podemos aprender com esse verso de Provérbios?

Primeiramente, a Bíblia fala da vida – e da vida de pessoas concretas. Sim, caríssima: a sabedoria bíblica alcança todas as dimensões da existência humana. Trata inclusive de questões muito necessárias, tais como as relações de trabalho, as questões econômicas, as relações de compra e venda etc.

Depois, podemos refletir sobre o modo como construímos a riqueza de nosso país, sobre o modo como nos relacionamos economicamente uns com os outros, sobre as questões econômicas de uma comunidade, sobre as nossas economias particulares etc.

Nesse contexto, é certo que queremos e precisamos fazer bons negócios. Mas o que seria, de fato, um bom negócio? Como alcançar o preço justo numa venda ou numa compra? Como alcançar o salário justo para mim ou para meu empregado? Qual a negociação mais adequada com meu sócio ou com meu cliente? Até que ponto nossas relações comerciais respeitam os critérios da justiça e do bem comum? Você está disposta a colaborar nessa reflexão pelo bem de todos?

Oração

Ajuda-me, ó Deus, a buscar a justiça e o bem comum em todos os momentos, a fim de que eu possa colaborar com a construção de uma sociedade que favoreça a todos. Amém.

É uma tentação alguém dizer logo: "Isto é sagrado" e só refletir depois de fazer um voto (Pr 20,25).

Para pensar

Não é prudente você – rapidamente – se comprometer com alguém para só depois refletir sobre o compromisso que assumiu; não é prudente com você mesma, que está a se comprometer sem antes refletir sobre tal compromisso, como não é respeitoso com a outra pessoa que, por diferentes razões, espera contar com seu apoio. Não é prudente e pode não ser saudável.

Não é prudente porque, nesse embaraço, a confiança que temos uns nos outros pode sair ferida: a sua credibilidade e a sua relação com a outra pessoa ficam fragilizadas e, ao final, você se sentirá desconfortável consigo mesma. Além de um grande aborrecimento, acompanhado de tristeza e de inquietação, tal insensatez poderá, ainda, causar prejuízo ou a uma velha amizade, ou a uma promissora relação amorosa, ou a um promissor futuro profissional.

Não por acaso, a Bíblia sempre nos convida a agir com honestidade e sensatez. De diferentes maneiras, nos convida a tomar consciência sobre o profundo valor de nossas palavras e dos juramentos que fazemos uns aos outros. Num outro momento, o próprio Jesus afirmou: *Diga apenas "sim", quando é "sim"; e "não", quando é "não". O que você disser além disso, vem do maligno* (Mt 5,37).

Oração

Ensina-me, ó Deus, a construir relações mais verdadeiras, mais saudáveis e mais confiáveis. Que a honestidade e a amorosidade estejam presentes em cada uma das minhas palavras e em cada um dos meus gestos. E que, em tudo, eu possa buscar a tua vontade. Amém.

> *Como o rosto se reflete na água, assim o coração mostra o que a pessoa é (Pr 27,19).*

Para pensar

A espiritualidade não se reduz aos nossos atos explicitamente religiosos, tais como frequentar um culto, integrar uma comunidade, fazer orações etc. De certo que os atos religiosos podem ajudar na vivência da espiritualidade, mas a espiritualidade não se reduz a eles. Vai além. A espiritualidade também se revela e pode ser cultivada no dia a dia. É um exercício diário, uma busca constante, um projeto para toda vida.

A espiritualidade se revela – e se constrói – na maneira como você se comunica com as pessoas, no modo como emprega as palavras e, até mesmo, na escolha das palavras que utiliza. Ela se revela – e se constrói – no modo como você acolhe, ou não, as pessoas, seja através de um aperto de mão, de um abraço, do seu tom de voz ou do seu olhar. Ela se revela e se constrói ainda na forma como você executa suas tarefas cotidianas: se procura fazê-las de modo eficiente, com o propósito de servir as pessoas ou lhes ensinando algo, ou lhes facilitando a rotina, ou lhes ajudando a viver com maior qualidade, com maior segurança, com maior bem-estar.

Como recorda o dito de Provérbios, o coração expressa aquilo que habita o interior da pessoa. E é no dia a dia, em meio as nossas tarefas e rotinas, que expressamos ao mundo o que cultivamos em nossa interioridade.

Oração

Ajuda-me, ó Deus, a viver cada dia mais em profunda intimidade contigo; e, depois, faz de mim um instrumento da tua graça, uma testemunha da tua paz e do teu cuidado. Amém.

ECLESIASTES

*Para tudo há um momento,
há um tempo para cada coisa
debaixo do céu (Ecl 3,1).*

Para pensar

O tempo é sempre um enigma. A gente pensa que o controla, mas somos muitas vezes escravos da rotina que nos esgota. Sempre há oportunidade de celebrar a hora feliz, mas, às vezes, perdemos nosso tempo em bobagens.

Parar um pouquinho no meio da corrida da vida parece hoje quase impossível e somos engolidos pela pressa, pelo estresse, e ganhamos muita gastrite. Se aprendêssemos a cuidar do que é o fundamental ao separar o que é supérfluo, poderíamos descobrir a beleza do viver. Viver o momento presente sem tanta angústia e desejos pesados. Saborear o que vai passando em nossa vida como criança pequena com um sorvete nas mãos. Cada lambida é uma festa. Cada amigo, cada bom-dia, cada beleza, cada dor, cada trabalho, cada café, cada amanhecer e cada anoitecer têm seu lugar e seu valor.

Debaixo do céu há tempo para cada coisa, diz o sábio bíblico chamado Coelet. Observando cada coisa que passa pela vida, esse sábio quis nos mostrar onde mora a verdadeira sabedoria. Não está no dinheiro, no poder, nem na vanglória. Não está nas coisas. Reside na simplicidade de quem sabe que Deus está no comando e nos ama. Está dentro de nós mesmos e de quem amamos. Fazer o que é certo no tempo certo com serenidade. Contemplando os lírios do campo!

Oração

Senhor, Deus da vida e do amor, dai-nos compreender a suavidade da vida como um presente divino. Sejamos leves e serenos ao enfrentar as dificuldades, alegres e festivos quando houver paz e lúcidos com discernimento, quando vierem as nuvens escuras. Amém.

> *E compreendi que não há outra felicidade para alguém senão alegrar-se e assim alcançar a felicidade durante a vida (Ecl 3,12).*

*P*ara pensar

Muita gente percorreu quilômetros atrás da fonte da felicidade. Uns diziam que estava em algum pote de ouro no final de um arco-íris, outros que estava em uma fonte de água e que daria a eterna juventude, na busca de Ponce de Leon, ou Peter Pan na ilha do Nunca. Muitos buscaram a pedra filosofal, outros fizeram estátuas para demonstrar seu poder e perenidade, alguns até mumificaram pessoas e construíram pirâmides para que alguns poucos alcançassem o sol invencível. Os pensadores dizem que a felicidade vem sempre mesclada com a tristeza e o sofrimento. Não há felicidade pura e absoluta nem tristeza ganhadora e destrutiva em absoluto.

Saber que são os pequenos momentos de alegria que revelam a felicidade plena como perfume em vaso pequenino. Saber que feliz é quem faz os outros felizes. Feliz é quem ama e permite ser amado. Feliz é quem olha no espelho e ri de si mesmo, pois sabe de suas feiuras e suas belezuras. A eternidade está colocada dentro do coração humano. Não busquemos fora, nem em coisas. A maior felicidade é ter alguém para quem telefonar ou mandar uma mensagem de amor. A felicidade se apresenta bela na arte do bem-viver. É preciso saber viver!

Oração

Senhor, Deus da esperança e da alegria, ajudai-nos a viver bem, sem preconceitos. Que sejamos capazes de mostrar o mais bonito que temos. E olhar o lado bonito da vida. Sendo otimistas e realistas. Confiando em Deus e amando nossas famílias e nossas amigas e amigos. Amém.

> *Pobre daquele que está só: se cair, não tem quem o levante (Ecl 4,10).*

Para pensar

A solidão é o maior drama da humanidade. Ficar só é muito dolorido. Sentir-se só é angustiante. O povo nordestino até diz: "cabeça vazia é oficina do diabo". Nascemos humanos e somos mamíferos, o que significa que precisamos sempre de um seio materno, de um amigo e de palavras de afeto e coragem. Há um belo ditado africano que diz: "Se quer ir rápido, vá sozinho. Se quer ir longe, vá em grupo". Ir em grupo, viver em grupo, é da essência do ser humano. Somos seres interligados. Aos demais humanos e ao nosso bioma ecológico. É certo que em certas coisas e certos momentos precisamos estar sós e assumir a nossa identidade, nosso valor e clara autonomia. Mas existem outras centenas e milhares de momentos e situações em que o ombro amigo faz toda a diferença.

No princípio Deus é comunhão e não solidão. Somos seres carentes de comunhão e precisamos unir raízes, unir corações, unir choros e unir risadas. Como diz o sábio bíblico: na queda é que sabemos quem, de fato, é nosso amigo. Amigo que nos coloque no caminho certo, se estivermos em mapas desnorteados. Amigo é coisa para guardar no lado esquerdo do peito e trazer como mochila a tiracolo. Quem não tem amigos precisa buscá-los como um tesouro. Quanto mais idoso, mais amigos!

Oração

Senhor, Deus da comunhão trinitária, permiti que não fiquemos sós no caminho de nossas vidas. Que sempre haja amigas e amigos como visitantes em nossa casa e nosso trabalho, amigas e amigos certos nas horas incertas, amigas e amigos que amem e digam a verdade, mesmo se doer. Amém.

> *Ninguém tem poder sobre o seu sopro de vida, para retê-lo. Ninguém tem poder sobre o dia da morte e não há trégua neste combate (Ecl 8,8).*

Para pensar

Nenhum ser vivo é dono da própria vida. Nenhum humano é senhor da morte. Podemos sim e devemos querer viver, lutar pela vida, receber as vacinas e os medicamentos que "estiquem" nossa linha vital, mas nunca saberemos qual é a data derradeira do encontro definitivo com o Criador. O sopro da vida nos foi dado no útero de nossas mães, e ao sair de dentro do ventre materno para o mundo uma palmada dos médicos abre brônquios para respirar oxigênio, já que foi cortado o cordão umbilical. O que era interno agora se faz externo até o parto definitivo na hora da morte.

Como humanos, precisamos de vários anos de cuidados para ficar em pé e caminhar com relativa autonomia. A luta pela vida é feita de mastigar pão, viver o trabalho, produzir memórias e afetos. Sabemos que somos criaturas amadas e mortais. Sabemos que vamos morrer, mas pedimos, ainda não. Sabemos que cada dia ao acordar participamos do milagre da existência. Estamos nas mãos de Deus. Nunca abandonados e sempre frágeis. Como passarinhos em um ninho divino. Se cairmos pela fatalidade do viver, Deus nos recoloca em seu ninho de amor. Um dos nomes de Deus é Sopro (Ruah em hebraico). Sopro feminino.

Oração

Senhor, Sopro divino e pleno de amor, sustenta nosso corpo frágil. Ajuda que sejamos corajosas quando a tempestade nos açoitar. Sopra em nossas narinas o sopro da fé, da esperança e do amor. Sopra quando ficamos engasgadas, tal qual a mãe faz com os filhinhos. Amém.

> *Anda, come teu pão com alegria*
> *e bebe contente teu vinho,*
> *porque Deus se agrada de tuas*
> *obras (Ecl 9,7).*

Para pensar

Comer o pão e beber o vinho, fruto do trabalho e da partilha, é sempre algo bonito. Que obra mais bela pode uma pessoa querer que poder se sentar à mesa, com quem ama e em família para celebrar o pão. Os primeiros cristãos chamavam essa reunião por dois nomes em grego: ágape, amor que partilha a comida. E Eucaristia: comida que partilha o amor. A primeira parte da festa era colocar em comum o produto do trabalho e do suor de cada membro da comunidade. A segunda parte era o memorial festivo do Cristo que se faz alimento e ação de graças ao Pai Criador. Assim, para cristãos comer e beber não são gestos só materiais, são momentos espirituais.

Deus nos faz uma visita na hora da ceia. Deus está no pão e no vinho.

Tudo o que fazemos como humanos traz uma marca sacramental de amor divino. Onde há alegria, Deus aí está. Nos almoços festivos, nas refeições nas camas dos hospitais, quando rezamos o pai-nosso e fazemos o pão ser nosso. Partir o pão para que ninguém fique de fora da mesa. Beber o vinho como quem brinda algo ou alguém. A boa-nova de Jesus vem sempre acompanhada de festa, como nas Bodas de Caná. Vinho melhor é guardado para o final. Pão em todas as mesas é Festa de Deus.

Oração

Senhor, mestre da partilha e das festas do amor. Fazei que nossas preces nunca sejam tristes e pesadas. Que nossa oração seja alegre e festiva. Que nossas Igrejas sejam acolhedoras e humildes. Que nosso amor seja reconhecido quando partilhamos o pão nosso de cada dia. Amém.

Quem cava um buraco poderá cair nele; quem derruba um muro poderá ser mordido por uma cobra (Ecl 10,8).

Para pensar

A insensatez atrasa a vida de quem crê em Deus. Nossa fé precisa ser esclarecida e inteligente. Não se pode ser cego moral e defender mentiras. Não podemos fazer coisas movidas pelo ódio e dizer que obedecemos ao Deus de Amor. Quem ama não mente. Quem tem ódio no coração não pode falar as coisas de Deus. Até mesmo uma mosca morta pode estragar todo um vidro de perfume. Não se pode perder a calma e a serenidade. Orgulho e vaidade conduzem para a desonra e a perdição. Só uma vida honesta e plena de valores nos fará dormir tranquilos.

Precisamos de metas claras, tolerância e respeito. Devemos nos perguntar: O que faço é correto e digno? O que digo é aquilo que Jesus diria? O que busco fará feliz a minha família ou será motivo de discórdia? Quem caminha comigo segue a ética ou manipula a religião? Quem semeia ventos, colhe tempestades. Alguns buracos podem até ser úteis se quisermos fundar os alicerces da casa. Mas não se pode viver fazendo buracos e derrubando muros. Fomos feitos para construir pontes e acolher pessoas. Somos todos migrantes e filhos de migrantes. Sabemos o quanto nossos pais sofreram para ser pontes entre povos e culturas. Basta de muros, precisamos de unidade e paz.

Oração

Senhor, fonte da misericórdia e da sabedoria, fazei-nos instrumentos de vossa paz. Onde houver muros, que façamos pontes. Onde houver ódio, que digamos palavras serenas. Onde houver mentira, que sejamos arautos da verdade. Onde houver trevas, sejamos luz. Amém.

SABEDORIA

> *Refletindo sobre estas coisas no meu íntimo e meditando em meu coração, que a imortalidade se encontra na união com a sabedoria (Sb 8,17).*

Para pensar

Deus é surpreendente. Por isso o meu pertencer a esse mundo é meditar as coisas de Deus em meu coração. Coloco-me à escuta do meu Deus e fico à espreita das suas instruções que não desmoronam, são estáveis. A instrução que vem de Deus é gentil e familiar. A sabedoria parte da atitude de se colocar a caminho, de assumir um projeto organizado, pautado na dinâmica da aceitação e de um projeto que é muito maior que as situações instantâneas e passageiras: é imortal. Mas ao mesmo tempo Deus é amor, é colo, é instrução. Sou sua filha buscando as minhas potencialidades que traduzem o eterno e imortal para o cotidiano, o vivencial. O caminho é longo, exige escuta e estratégia. É aqui que o coração de Deus bate na mesma toada que o meu. Por isso o tempo todo eu busco ouvir esse tum... tum... tum que está em busca de sintonia com o projeto de amor que vem do elo Filha, Pai e Mãe.

Oração

Fecho meus olhos e procuro escutar o som que vem do meu coração. É aqui, neste instante, que me deparo com o amor que me une à minha família. União não significa perfeição. Por isso, é nos desafios dos encontros e desencontros que continuo a acreditar que, quando sozinha, meu coração não bate na mesma toada que o coração de Deus. Pois Tu, ó Deus, és a união dos amores que me sustenta ao longo da existência sábia e saborosa. Encontro-me contigo neste momento e nossos corações se aquietam e batem em sintonia. Sinto-me bem, amada e feliz. Amém.

É tesouro inesgotável para todos; aqueles que a adquirem obtêm a amizade de Deus, pois se fazem recomendáveis pelos dons da instrução (Sb 7,14).

Para pensar

Eu perdi o brinco que ganhei da minha avó. Não era um brinco qualquer, tratava-se da história de quatro gerações em que esse brinco foi sendo transferido. Um símbolo histórico de amor entre gerações que me fez empenhar para buscar esse sagrado anel. Quando se ama algo não se economiza dinheiro e muito menos tempo para se transformar nesse amor em qualquer das circunstâncias em que ele esteja inserido. É preciso executar todas as ações necessárias para encontrar ou descobrir o que se procura de mais valioso nessa nossa existência. Por trás de qualquer coisa material existe uma alma, uma essência, um sentido maior que agrega e leva ao conhecimento não ingênuo, visível, palpável e cheio de significados. Trata-se de um tesouro que se conquista por meio da sabedoria que vem de Deus. Eis aqui a junção entre amizade e projeto válido de amor que surge como um tesouro cheio de sabor dado pelas especiarias que emanam da instrução sábia de Deus.

Oração

O amor só tem que ser amado. O amor é sabedoria. O amor é a mania arte de encontrar saída neste labirinto que é a vida. Em meu pensamento busco apreender, por meio da experimentação e da contemplação, o que sou e o que busco ser. Assim surge essa intuição que vem do espírito combinada ao amor que nasce da minha crença em Deus. Sinto essa evolução de saberes que emana dessa doce busca de um símbolo que me representa e me suporta nos momentos em que exige uma direção mais atenta. Estou em um relacionamento com as minhas buscas e necessidades, me priorizando, e aí, sim, ser apta à liberdade de ser amor aos meus. Sinto-me bem e em paz. Amém.

Eu a amei e desejei desde a minha juventude e procurei tomá-la como esposa, apaixonado por sua beleza. Sua íntima convivência com Deus realça sua nobreza, e o Senhor de todas as coisas a amou. Iniciada na própria ciência de Deus, é ela quem fixa a escolha de suas obras (Sb 8,2-4).

*P*ara pensar

Mas, afinal, o que é sabedoria? É uma forma especial de conhecimento que se adquire ao longo da vida, nas experiências cotidianas. É a capacidade de viver intensamente cada momento e descobrir nas pequenas coisas o sentido da existência. A sabedoria não é adquirida nos bancos da escola ou da faculdade. É um saber que nasce do cotidiano, das experiências vividas, e tem como objetivo ajudar as pessoas a manter seus valores, princípios e direitos. É um casamento. É um saber que nasce da vida prática e deve orientá-la. Eu posso saber muito e nem por isso ser sábia. O importante é aprender a arte de viver e ser capaz de passar adiante esse saber. A sabedoria está relacionada com o próprio exercício da vida e com a capacidade de situar a pessoa no mundo em que ela vive.

A sabedoria nasce da experiência e da vivência das famílias; dos encontros e das celebrações, do jeito de viver e de se organizar, e aqui surgem alguns princípios que nos ajudam a viver melhor.

Oração

Busco por um lugar tranquilo, sento-me ou me deito confortavelmente. Respiro e inspiro. Sinto-me em paz e tranquilidade. Repito essas palavras: saber, conhecer, amar. Direciono-me ao mais profundo dos meus pensamentos e me encontro com a sabedoria que move o meu ser nessa vida. Desperta-se em mim uma fonte de energia outrora deixada para lá. Essa fonte é despertada pelo meu desejo de tornar evidente o sagrado que permanece em mim. Sinto-me em paz. Sinto-me feliz. Amém.

> *Por sua fidelidade receberá uma graça especial e uma parte mais gratificante no templo do Senhor (Sb 3,14).*

Para pensar

Fidelidade é uma palavra muito comum usada nos relacionamentos como amizade, casamento e trabalho. Por vezes essa fidelidade foi chave da cumplicidade de um amor em vigor, em descoberta. Ser fiel é ser constante nos compromissos assumidos, sempre em construção, dialogados. Ser leal é ser um cuidador, zeloso pelo que se busca, seja uma pessoa, uma causa, uma ideia, uma comunidade, uma nação, um planeta comum. Lealdade leva-nos à sabedoria. Não é à toa que recorremos ao coração, órgão do nosso corpo que funciona como o motor central da circulação do sangue, para sentir, em nós mesmos, onde está a força que nos faz viver com sabedoria. É na articulação entre fidelidade e coração que nos sentimos aptos ao exercício da sabedoria que inova e se multiplica. E é nessa dinâmica muito bem articulada que nos sentimos envoltos pelo saber, o amor, que gera a energia vital que nos move ao querer bem uns aos outros.

Oração

As nuvens estão quietas, a percepção que tenho é que estão paradas, mas não estão. Elas só não seguem estimuladas pelos ventos que as fazem vibrar, nesse momento. Parece que elas estão em silêncio buscando a sintonia com toda a dimensão de vida que move essa minha existência. Parece que por trás delas sinto o silêncio criador que vem de Deus e não se esmera comunicar equilíbrio e paz nesse instante da minha vida. Rogo para Ele que me estabeleça em verdades que exploram em mim mesma o autocuidado, a autorreflexão e o perdão. Sinto-me bem e em paz. Amém!

A sabedoria é resplandecente e não murcha; mostra-se facilmente àqueles que a amam e se deixa encontrar pelos que a procuram (Sb 6,12).

*P*ara *pensar*

A sabedoria leva qualquer pessoa à sua essência. É conhecimento profundo e se trata de uma habilidade que se constrói ao longo do tempo, é processual. A pessoa que busca a sabedoria faz um exercício de coragem e de cumplicidade consigo mesma. Sabedoria nasce por meio do treino que se faz com coragem e planejamento. É a arte do saber adaptar-se ao novo, feito com destreza e equilíbrio. Sabedoria é saber entender o mundo e suas adversidades e contribuir para que ele seja melhor agora e no futuro, sem que o egoísmo do não existir me desestimule a lutar por ele com todas as minhas forças.

Porque no futuro eu serei sim a história existindo com vigor e força, gerando frutos. A sabedoria nasce através do amor, faz pulsar o coração e gera a boa convivência, a união de sentimentos.

Oração

Tudo está se movimentando lentamente, sutilmente. Sinto o frescor de um vento leve e nada exagerado. É um movimento que vem de dentro, da emoção, das lágrimas, do cheiro gostoso da vida. É o cheiro que vem da terra, ele me cura, apaga a minha dor. Porque esse cheiro é natureza, é terra, é remédio de verdade que vem do núcleo que gera a vida. Esse cheiro é uma seiva em forma de óleo, cheio de vigor e nutrientes, porque cresceu do núcleo criador da vida que é meu Deus. Fecho os meus olhos e sinto que uma nova vida inteligente me liga ao cerne do existir. Sinto-me bem e em paz. Amém.

Pois, glorioso é o fruto dos esforços pelo bem e inabalável a raiz da prudência (Sb 3,15).

Para pensar

A prudência pode ser entendida como a capacidade de ser cautelosa. Prudente é uma pessoa cuidadosa, ponderada e sensata. Uma pessoa prudente é capaz de enfrentar os seus medos e os medos dos outros. É nessas circunstâncias de coragem que nasce o atributo da prudência que é a arte de saber refletir. É o cuidado que se cria em relação ao seu próprio modo de entender as coisas e dessa forma se evita as coisas ruins e os perigos do caminho. É na prudência e na reflexão que se caminha em sabedoria, já amparada pelo núcleo que move esse propósito que é o amor. O carinho de Deus apontando para o caminho da prudência e da reflexão é chamando a mim e a você de filha. A reflexão e a prudência são dinâmicas da nossa natureza humana que surge do coração e do amor que vem de Deus.

Oração

Tudo está em movimento. O silêncio também está inquieto, tanto quanto todas as máquinas em movimento nos corpos externos e internos de todos os seres vivos que dão corda às engrenagens que geram a vida na galáxia. O meu silêncio é movimento, e é por meio dele que vejo mais profundamente as cordas que alimentam a minha prudência e a minha reflexão, enveredando-me por um caminho bom. Por isso que me torno engrenagem, me desperto para a prudência. Sinto-me bem e em paz. Amém.

> *As pessoas veem e não compreendem, nem seu espírito atina para isto: que a graça e a misericórdia são para seus eleitos, e ele intervém em favor de seus santos (Sb 4,14-15).*

Para pensar

Em que momento uma pessoa precisa de mim? É quase impossível enxergar o outro e suas necessidades quando estou cheia de mim mesma. É transbordando de mim mesma, quando eu já não caibo dentro do meu próprio esquema, que consigo ver o outro, não porque eu queira, mas porque preciso dele? Eu só consigo ajudar caso consiga ver e perceber a necessidade de quem está ao alcance da minha visão, do meu entorno. É uma espécie de despertar nada egoísta, é como gerar e nutrir sem esperar retorno de nada. E aqui a maternidade é um grande exemplo; gera-se a filha sem esperar nada em troca, a não ser trabalhar e educar para que cresça de forma inteligente, tenha saúde e sucesso. É como o desabrochar de uma flor que de maneira silenciosa se faz bela e permanece, dando-se gratuitamente. A lógica para nos doarmos a quem precisa é benevolente, sutil e astuciosa no caos bondoso da sabedoria.

Oração

Nasce em mim o desejo por ser gratuidade, e isso ocorre sabiamente. Eu ajudo, ensino, indico possibilidades, faço crescer todos que estão por perto. Quem se aproxima cresce e caminha comigo. Permito-me dar mais aos mais necessitados e menos a quem pouco precisa. Assim nasce uma teia de gente que cresce e se encoraja, ajuda, é consciente, luta e persiste, dia e noite, por um mundo onde haja pessoas que amem amar e se nutrir, e nutrir a própria existência. Sinto-me caminhando com Jesus, desejando o bem e amando a todos. Sinto-me bem e em paz e Deus me fortalecendo. Amém.

Amai a justiça, vós que governais a terra; tende bons sentimentos para com o Senhor e com simplicidade do coração procurai-o (Sb 1,1).

Para pensar

Qual o motivo para amar a justiça? Seria amar o correto? Mas isso só é possível se for feito em conformidade com a vontade de Deus. É pelo ato da busca, por meio do esforço, do exame minucioso que se descobre o projeto da justiça que vem de Deus. Não é à toa que a determinação primeira é para que se ame a justiça. Todo esforço para esse ato de amar deve ser medido por meio de uma busca justa, como se fosse um encontro consigo mesma. Por isso aquele que exerce a missão de governar, de liderar, deve desempenhar o seu projeto em conformidade com o direito, amar a justiça, estar a serviço. Uma pessoa que ama a justiça é aquela que vive pelo que é bom, que faz no silêncio pelo outro o mesmo que faria para si mesma, sem alardes, sem esperar nada em troca. Uma pessoa que ama a justiça é sábia, porque entende a dinâmica da vida, o seu valor e sabe contribuir para que essa essência cresça e produza frutos.

Oração

Eu amo as minhas buscas, dúvidas e incompreensões. Graças a elas, consigo perceber a beleza que é caminhar vendo o que já é belo e o que pode ser reparado. Percebo o que está em construção e idealizo um projeto pronto, bonito e impermanente. Sim, impermanente, porque tudo muda com os passos que vão sendo dados nesta estrada da vida. O amor mais profundo me habilita a viver em conformidade com a justiça que vem de Deus. Sinto-me bem e em paz, crescendo no amor e na justiça. Amém.

Os pensamentos perversos separam de Deus; o seu poder, posto à prova, confunde os insensatos A sabedoria não entra numa alma que planeja o mal nem mora no corpo devedor ao pecado. O espírito santo, educador, foge da astúcia, afasta-se dos pensamentos insensatos e se retrai ao aproximar-se a injustiça (Sb 1,3-5).

Para pensar

De que forma devemos não entrar no caminho dos maus, o de caráter ruim, aquele moralmente condenável? Aquele que se compraz com o mal praticado, não siga esse caminho. O mal nem sempre é visto como mau, muitas vezes ele é ego entendido como despretensão, é inveja vista como abnegação, é egoísta visto como autocontrole. Desvio de caráter, disfarçado pelas coisas boas, mas logo você percebe que existe um plano, uma construção de desejos e concretudes muito más, destruidoras. O mau é fácil de ser percebido por quem anda pelo caminho do amor, por quem deseja o bem até mesmo àqueles que se declaram como seus inimigos. A sabedoria mora no coração daqueles que seguem os projetos de Deus.

Oração

O bem habita em mim. Sinto um forte desejo de agir por amor. Não tento destruir a vida de quem está por perto. Eu me alegro com a conquista, com os êxitos de todos que eu conheço. Percebo que quem busca incansavelmente o bem faz suas escolhas, e, mesmo que os entraves do caminho não lhe façam bem, continuará persistindo, sem que para isso destrua nenhum ser vivo. Deus permanece em mim. Eu me sinto bem e em paz. Amém.

Por isso, o julgamento atingirá também os ídolos das nações: na criação de Deus, eles se tornaram abominação, escândalo para as almas das pessoas, armadilha para os pés dos insensatos (Sb 14,11).

Para pensar

Aqueles que têm a missão de liderar uma nação devem ser exemplos, a fim de que não sejam abominados e não caiam na injustiça por meio de suas próprias estratégias egoístas.

Imaginemo-nos em uma floresta, um caminho nunca trilhado antes, com mato e folhas a serem pisados. Dificilmente alguém enfrentaria um caminho desse sem antes estar preparado. Sapatos e roupas adequadas seriam necessários e fariam com que a travessia se tornasse mais segura. Assim também no mundo da cidade, das ruas sem folhas e matos e com muitos carros, é bom que sejamos prudentes, respeitemos as regras sociais e de boa convivência. Dessa forma, quem sabe, nossos caminhos estejam mais seguros por meio da nossa atenção, do nosso cuidado e responsabilidade para com as nossas vidas. É necessário prudência para que não caiamos na conversa falsa do insensato.

Oração

Quando criança, na floresta onde eu morava, minha mãe sempre dizia para ter atenção ao calçar os sapatos, poderia haver alguma lacraia escondida neles. Ela também alertava para ter cuidado com as cobras, elas sempre atravessavam a estrada mais ou menos às 18h. Já crescida aqui na cidade eu alerto minha filha para que esteja atenta ao atravessar a rua, para não aceitar balas de estranhos ou para ser gentil e educada onde quer que esteja. A vida é assim, é preciso ter cuidado onde quer que estejamos. Aliás, estamos todos numa única casa comum, o Planeta Terra. Agradeço a Deus por me ajudar a olhar onde piso todos os dias, a fugir da injustiça e da insensatez. Agradeço a Deus por me sentir bem e em paz. Amém.

Escutai, portanto, ó reis, e compreendei! Aprendei, ó juízes dos confins da terra! Prestai ouvidos, vós dominadores das multidões, que vos orgulhais do número de nações. Pois o poder vos foi dado pelo Senhor, e a soberania, pelo Altíssimo; é Ele quem examinará vossas obras e investigará vossos projetos (Sb 6,1-3).

Para pensar

Escutar é uma habilidade importante. Aliás, uma atitude necessária para quem busca a sabedoria. Escutar e agir de acordo com as instruções que vêm do Projeto de Deus é o grande passo para a sabedoria. A instrução que vem de Deus é para o início imediato da escuta e da guarda das instruções que vêm do Senhor. Que instruções são essas? Tudo aquilo que emana do amor, da justiça, da misericórdia gera a sabedoria que deve ser experienciada e vivida por todos aqueles que seguem o Reino de Deus. É como se as palavras que procedem do coração que vem de Deus dissessem assim: Vigiem, defendam, protejam, preservem e principalmente sejam zelosos uns para com os outros.

Oração

Fecho os olhos e escuto a voz que vem de Deus. É uma voz sutil que surge me impelindo a atitudes transformadoras. Nesse momento da minha vida, Deus caminha comigo e me sustenta. No cotidiano, sinto-me instruída pelas mãos criadoras de Deus. Abro os olhos e sinto o amor que se aproxima como uma brisa trazendo harmonia e tranquilidade. Encontro-me em liberdade. Eu me sinto bem e em paz. Amém.

Sobre os pecadores, porém, caíram os castigos, não sem os avisos contidos na violência dos raios. Sofreram com toda a justiça por causa de suas próprias maldades, pois nutriram o mais violento ódio contra os estrangeiros (Sb 19,13).

Para pensar

O ódio é uma aversão intensa motivada por medo e raiva. O ódio é desestruturante, biologicamente. O ódio mexe com a mente e nos faz agir impulsivamente. O ódio pode nos levar a um caminho sem volta e ser a potência última da destruição individual e coletiva. O ódio ao diferente de mim, ao estrangeiro, àquele que difere das minhas crenças e cultura deve ser eliminado. Esse ódio não está de acordo com o projeto do Deus da vida.

Ao contrário, o afeto gera a amizade e a benevolência. É como o surgir de uma calmaria em meio a um universo em equilíbrio. A mansidão se une à resignação e gera a serenidade e o sossego. É nesse momento que o ódio perde a vez para o amor porque nasce a afeição e a tranquilidade. Nesse elo entre o amor e o ódio definitivamente surge a afinidade e a atração por uma vida mais gentil e habilidosa para com a arte de recriar e se reumanizar no amor.

Oração

Nesse estado da minha vida me encontro sem preocupação, motivada a reencontrar-me com o que há de melhor em mim. É nessa situação de vida que percebo que existe muita serenidade no meu agir. As coisas a serem concertadas são muitas, é verdade, mas com elas nessa situação eu consigo perceber a criatividade que há em mim. Renuncio à raiva e ao egoísmo e passo a perceber o nascer das coisas em todos os momentos, como se tudo estivesse em construção. É aqui que percebo a mão criadora de Deus. Sinto-me bem e em paz. Amém.

> *Ora, este navio foi inventado pelo desejo de lucro, e foi uma sabedoria engenhosa que o construiu. Mas é a tua providência, ó Pai, que dirige o leme, porque também abriste um caminho no mar e uma rota segura no meio das ondas (Sb 14,2-3).*

*P*ara pensar

Podemos entender "dirigir o leme" como o ato de incentivar, verificar, ser prudente e cautelosa. Se seguíssemos com essas instruções poderíamos dar um rumo melhor à nossa viagem por essa vida. Aqui na arte de fazer e saborear o conhecimento entendemos que a sabedoria é fundamental. Mesmo em meio ao desejo pelas coisas materiais, lucros, que passam e se deterioram, é possível nos transpormos diante das inconstâncias. É preciso ter ciência que a sabedoria pode e deve ser usada apenas ao bem, porque naturalmente é essa a sua essência. Sentimo-nos, sim, numa rota segura guiada pelo mais puro amor que vem do nosso Deus amor.

Oração

Em alto-mar navego enfrentando ondas fortes. Elas têm os seus próprios limites; ora estão agitadas, ora mais brandas. Em alto-mar continuo navegando, não posso desistir porque esta é a minha vida. Enfrento todas as ondas fortes com muita coragem. É verdade que às vezes me pego com medo, mas aprendi a lidar com ele. Sinto-me inteligente nessa sábia arte de navegar. É enfrentando as ondas ou respirando a calmaria que sigo navegando pelo mar da vida. Reconheço que meu bom Deus comanda o leme. Sou grata pelo amor que move a minha vida. Eu me sinto bem e em paz. Amém.

OS AUTORES

Fernando Altemeyer Junior, pai e esposo, é conhecido no cenário religioso por suas ideias originais, por seu jeito expressivo e simpático e pelo seu envolvimento com os trabalhos eclesiais. É assessor de encontros pastorais além de grupos de religiosos e religiosas, além de professor do Departamento de Ciência da Religião da Pontifícia Universidade Católica de São Paulo e membro do Observatório Eclesial Brasil. Pela Editora Vozes, é autor dos livros *O mistério do tempo* e *Silhuetas de Deus*, além de contribuir constantemente com reflexões publicadas na *Folhinha do Sagrado Coração de Jesus*.

Gisele Canário, mãe e esposa, é uma jovem espontânea e cheia de alegria. Está constantemente envolvida com trabalhos bíblicos, assessorando comunidades como membro do Centro Bíblico Verbo, de São Paulo. Formada em Teologia e Geografia, é professora da Educação Básica.

Marcos Daniel de Moraes Ramalho tem um modo próprio de se comunicar, seja na escrita ou na fala. É pároco da paróquia São José, em Limeira, SP, além de desenvolver trabalho como assessor diocesano de catequese. Na Vozes contribui constantemente com reflexões publicadas na *Folhinha do Sagrado Coração de Jesus* e no sazonal *Meditações* para o dia a dia.

Nayá Fernandes, mãe e esposa, é jornalista e escritora. Mestra em Literatura e Crítica Literária pela Pontifícia Universidade Católica de São Paulo, tem contos e poemas publicados em coletâneas e antologias, como os livros do Prêmio Off Flip 2022 e 2023. É formada em Filosofia e Teologia pela Pontifícia Universidade Católica de São Paulo.

Conecte-se conosco:

- **f** facebook.com/editoravozes
- @editoravozes
- @editora_vozes
- youtube.com/editoravozes
- +55 24 2233-9033

www.vozes.com.br

Conheça nossas lojas:

www.livrariavozes.com.br

Belo Horizonte – Brasília – Campinas – Cuiabá – Curitiba
Fortaleza – Juiz de Fora – Petrópolis – Recife – São Paulo

EDITORA VOZES LTDA.
Rua Frei Luís, 100 – Centro – Cep 25689-900 – Petrópolis, RJ
Tel.: (24) 2233-9000 – E-mail: vendas@vozes.com.br